Liq universal. p 23 pieds

Melange
53.

ORDONNANCES, STATUTS, PRIVILÉGES

ET RÉGLEMENS

Accordés par les Ducs de Lorraine à la Ville de SAINT NICOLAS *de Port, & confirmés par le Traité de Meudon.*

A NANCY,

Chez PIERRE ANTOINE, Imprimeur Ordinaire du Roi, &c. 1760.

EXTRAIT

DU RÉGISTRE

Des Actes de résolutions de l'Hôtel de Ville de Saint Nicolas.

CEJOURD'HUI 28. Avril 1760, la Chambre complettement af-semblée, ayant fait convoquer les principaux Notables Bour-geois, à l'effet de conférer sur les moyens de se pourvoir aux fins de faire rétablir les anciennes Foires-franches établies en cette Ville, par Édit de feu∬ de glorieuse mémoire ∬ Son Altesse∬ Monseigneur le Duc Charles, en datte du 24. Mars 1597. aux priviléges, exemptions & immunités y portées∫: la Chambre, de l'avis desdits principaux & notables Bourgeois, a dé-libéré & ordonné que l'on se pourvoi-

roit inceſſamment aux grâces de S A
MAJESTE', pour la ſupplier très-humblement de confirmer le même Édit, enſemble ſes Priviléges, l'Ordonnance de
Son Alteſſe du 3. Janvier 1604, les Ordonnances générales de Sadite Alteſſe,
de glorieuſe mémoire, le Duc Henry
du 23. Juillet 1612, le Décret du Conſeil de Son Alteſſe le Duc Henry, du dernier Décembre 1615, l'autre Décret du
Conſeil de Sadite Alteſſe du 2. Juillet
1612: & autoriſer les Délibérans à faire
publier leſdites Foires, comme de coû-
tume & d'ancienneté ; & ont leſdits
principaux & notables Bourgeois ſigné
avec nous, préſent le Sécrétaire ordinaire, ſouſcrit. Signé, Breche, l'aîné, Charles
Hoquard, Barthelemy Réveillé, J. Guil-
lemin, Pierre Quantin, Claude Munier,
N. Didon, N. Gérard, J. Aubry, N. Cour-
tois, N. Leclerc, Joſeph Deremberviller,
P. Collin, Jacques Seuquinſe, F. Legrain,
Georges Maſſon, François Morſard, Sé-
baſtien Arts, F. Dorion, J. F. Nicolas,
François Magnien, Nicolas Henry, J. C.

Contal, Jean Saucerotte‡, J. C. Rou-
beaud, Joseph Thomaſſin ; tous Bourgeois notables. Signé , J. PITOUT, J.
Boyreaud, J. B. Charmette*, André Poir-
ſon, Conſeillers, Joseph Brocard, Syn-
dic, & D. J. Paquin, Sécrétaire.

*Pour copie expédiée par moi Sécré-
taire - Greffier en Chef de l'Hôtel de
Ville de Saint Nicolas, ſouſſigné ce
29. Avril 1760. D. J. PAQUIN.*

‡ oncle de la Saucerotte, dite Raucour, célèbre actri
ce de la comédie françoise 1771.

* La Veuve d'un charon etia, lorrain, breuant ausqi at
duvégne à Paris en 1771 - 1772, et jouёau grand rôle au
vure la Scandaleuse procès des csérocs Veron Dujunyneii
elle fut empoisonnée par ses assassins, suivant l'arrêt
définitif du 3. 7bre 1773.

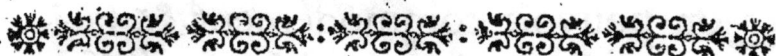

AU ROY,

Et à Nosseigneurs de son Conseil
Royal des Finances
& Commerce.

SIRE,

Supplient très-humblement les Officiers
de l'Hôtel de Ville de S. Nicolas, les Notables Bourgeois & Marchands de la
même Ville.

DISANS: Que le Duc Charles ayant
considéré que le Bourg de Saint Nicolas
de Port, étant, par sa situation & son
emplacement, propre pour les trafic &
commerce de toutes sortes de Marchandises, tels qu'on les y a vû faire du passé, & comme le centre & milieu entre
la France, l'Allemagne, Pays-Bas, Suisse,
& autres Provinces ; & que de ces Royau-

✶ *Stanislas, ex-roi de Pologne, Duc de
Lorraine et de Bar, depuis 1737.*

mes on pouvoit commodément & facilement y faire arriver les Marchandifes;
que là on y verroit renouveller & renaître le Commerce que l'on y faifoit du
pafsé, le plus beau & le plus floriffant
de toute l'Europe, puifque tous les Marchands & Sujets, non - feulement des
Royaumes voifins, mais encore les Ita-
liens, Efpagnols, Portuguais, Anglois &
autres s'y trouvoient; ce qui procuroit
& procureroit le bien & l'utilité de l'É-
tat, des Sujets & d'un chacun; c'eft ce qui
le porta à faire une Ordonnance en datte
du 24. Mars 1597, par laquelle il érigea,
créa, établit & ordonna que dès-lors,
pour toujours & à perpétuité, il y auroit
deux Foires générales & publiques audit
Bourg de Saint Nicolas par année, qui
dureroient chacune quinze jours; la pre-
miére, à commencer au vingt du mois
de Juin, & l'autre au vingt du mois de
Décembre; fous les conditions, modifications, priviléges, libertés, franchifes &
immunités portées par ladite Ordonnance; enfuite il y eût plufieurs autres ré-

glemens & décifions émanés du même
Duc & de fes Succeffeurs, en dattes des
3. Janvier 1604, 23. Juillet 1612. dernier Décembre 1615. & 2. Juillet 1616.:
(qu.) Par ces moyens on vit renaître le commerce & l'abondance ; mais les guerres
qui font furvenuës du-depuis ayant dé-
folé la Province, & le Bourg de S. Nicolas totalement incendié en 1635, ce
qui a été caufe que ces Foires ont été
négligées & ralenties, & que le commerce y a confidérablement diminué ; mais
comme aujourd'hui la Ville eft bien ré-
tablie & peuplée, qu'il y a des emplace-
mens convenables pour y tenir les Foires
& fervir de Magazins pour y recevoir les
Marchandifes ; que les Chauffées con-
ftruites depuis plufieurs années, qui y
paffent & y conduifent de tous côtés,
faciliteront encore beaucoup plus aifé-
ment les apports ; entrées & forties des
Marchandifes ; que la Riviere de Meurthe
qui y paffe & qui eft navigable, tant en
montant qu'en defcendant, concourra
encore à l'arrivée & tranfport des denrées,

+ Du-depuis, pour depuis, gasconisme trivial
qui s'est conservé dans le peuple de lorraine.

en y établissant un Port, ce qui fera sure-
ment le bien général de l'État & des sujets;
c'est pourquoi, convaincus des bontés
Royales & paternelles de Votre Majesté,
ils osent y recourir.

Ce considéré, SIRE, il plaise à VOTRE
MAJESTÉ, confirmer l'Ordonnance du
Duc Charles du 24. Mars 1597. concer-
nant l'Établissement de deux Foires franches au Bourg de St. Nicolas, les Priviléges,
libertés, franchises & immunités y portées,
de même que les Ordonnances, Réglemens & décisions du même Duc & de ses
successeurs, des 3. Janvier 1604, 23. Juillet
1612. dernier Décembre 1615. & 2.
Juillet 1616. pour le tout être suivi &
exécuté suivant leur forme & teneur, ou
sous tels autres Réglemens qu'il plaira à
VOTRE MAJESTÉ de donner; en consé-
quence ordonner que toutes Lettres de
confirmation en seront expédiées, avec
permission de faire imprimer le tout, pour
être répandu & annoncé dans la Province & dans les Royaumes voisins; in-
viter les Commerçans des Villes &

Étatsde Lorraine & Barrois, de se rendre,
ou envoyer ausdites Foires certain nombre de leurs Marchands munis des differentes Marchandises & denrées // dont ils
ont coutume de faire commerce & trafic ;
& les Supplians continueront leurs vœux
pour la santé & long Régne de VOTRE
MAJESTÉ.

JEANROY. (avocat
aux Conseils.)

L'Édit de Meudon portant confirmation générale de tous les Priviléges,
la confirmation particuliére qu'on demande est inutile. Lunéville ce 6. May
1760.
LAGALAIZIERE. (chancelier garde des sceaux, chef des conseils,
et intendant de Lor. et Barrois.)

ORDONNANCE

du 24 mars 1597

DE MONSEIGNEUR LE DUC

de Calabre , Lorraine , Bar, Gueldres , &c. Sur l'établissement de deux Foires-franches en son Bourg de Saint Nicolas de Port en Lorraine , commençantes , la premiere au vingtiéme de Juin , & l'autre en pareil jour en Décembre 1597.

CHARLES , par la grâce de Dieu, Duc de Calabre , Lorraine , Bar, Gueldres , Marchis , Marquis de Pont-à-Mousson , Comte de Provence , Vaudémont , Blamont , Zutphen , &c. A tous qui verront ces Présentes, SALUT: Entre tous les soins qui doivent accompagner les Princes Souverains, Nous avons toujours jugé que celui qui tend à l'avancement du bien & de l'utilité de leurs Sujets, & d'un chacun, doit tenir le premier rang, &

leur être de plus particuliere & singuliere recommandation : C'est pourquoi, dès incontinent qu'il a plû à Dieu Nous donner quelque relâche des violens efforts & incommodités des Guerres passées, qui pendant leurs feux Nous ont fait par quelque tems délaisser ce qu'auparavant Nous étoit d'exercice plus familier ; Nous avons consideré que notre Bourg de Saint Nicolas de Port étant de son assiette propre pour les trafics & commerces de marchandises, tels que déja on les y a vû être du passé, & comme un centre & milieu à main, entre les Pays de la France, Allemagne, Pays-bas, & plusieurs autres Provinces, pour d'icelles y faire commodément & facilement arriver les marchandises; afin d'y faire renaître le train & la fréquence du commerce, qu'on y a vû par ci-devant être beau & frequent :

SÇAVOIR FAISONS, que pour le bien, profit & utilité publique, tant de nos Pays que d'autres commodités, non seulement de nos Hommes & Sujets, mais d'un chacun; Nous avons, de l'avis & délibération des Gens de notre Conseil, érigé, établi & ordonné, érigeons, établissons & ordonnons dès à présent & pour toujours, à perpétuité, pour nos hoirs & Successeurs, Ducs de Lorraine, deux Foires générales & publiques, en notredit Bourg de Saint Nicolas, qui dureront chacune quinze jours; & commencera la premiere, au vingtiéme jour du mois de Juin prochain, & l'autre, au vingtiéme jour du mois de Décembre suivant; le tout sous les conditions, clauses, modifications, priviléges, libertés, franchises & immunités que ci-aprês:

ARTICLE PREMIER.

Qu'il sera permis, & dès maintenant permettons, à tous Marchands, qui voudront fréquenter lesdites Foires, venir, aller, séjourner, & retourner, eux & leurs Facteurs, Commis & Négociateurs, par les Pays de notre obeïssance, & demeurer en notredit Bourg de S. Nicolas, tant durant lesdites Foires, qu'auparavant & depuis; sans que, pour les Marchandises & denrées qu'ils auront amené, vendu &

diftribué, & le tems d'icelles durant, ils
puiffent être chargés, imposés, pourfuivis
ni recherchés d'aucunes Tailles, Impôts,
Subfides, Maltôtes, ou autres impofi-
tions, quelles elles foient, ordinaires ou
extraordinaires, & fans aucune difference
ni exception de Nation ; pourvu feulement
qu'ils s'abftiennent de caufer, faire ni donner fcandale à aucuns.

I I.

Que non feulement pour lefdites Marchandifes feront lefdites Foires, franches &
libres, mais voulons d'abondant, permettons & Nous plaît, que tous ceux qui les
fréquenteront, foient auffi francs, libres,
& exempts de toutes recherches pour
debtes, ou autres femblables obligations
contre eux prétendues, & n'en puiffent être
inquiétés ni pourfuivis par l'efpace de
quinze jours entiers ; le commencement
& fin defquels feront fignifiés à chacun
tems de Foire, par le fon de la groffe Clo-
che dudit Saint Nicolas.

I I I.

Que toutes Marchandifes, de quelles

fortes elles foient, venantes de Pays étrangers, ou de nos Terres, Seigneuries, & Pays de notre obéïffance, & en quels lieux elles foient faites, fabriquées, forgées & façonnées, pourront être conduites & menées en notredit Bourg de S. Nicolas, aux fins fufdites d'y être commercées efdites Foires, & en fortir celles qui n'y auront été diftribuées, tant durant l'ouverture & tems defdites Foires, que hors d'icelles, fans détourbier ni empêchement aucun; ains franchement & librement, & fans que les Maîtres ou Voituriers d'icelles foient tenus, obligés ni contraints à en payer aucune dace ni Gabelle, finon l'ancien Droit du haut paffage, & du Magafin, ci-après déclaré.

I V.

Si toutefois hors le tems defdites Foires, aucun vend ou échange Marchandifes, fera tenu aufdits Impôts & Gabelles telles qu'elles pourront être imposées en nofdits Pays, tout de même que pour toutes Marchandifes qui fe délivreront hors lefdites Foires, encore que les ventes ou marchés

en ayent été faits pendant icelles ; sauf toutefois à l'égard des Laines étrangeres, pour
la conduite & délivrance desquelles en la
Foire dudit vingtiéme Juin , Nous avons
pour bonnes considérations, octroyé trois
semaines de franchises & exemptions , à
commencer dudit jour.

V.

Que pour décharger lesdites Marchandises, sera exprès érigé un Magazin public
audit Bourg , auquel toutes Marchandises
amenées de dehors devront être déchar-
gées, par le Concierge qu'à cette fin y sera
par Nous exprès député & établi, qui sera
tenu en faire bonne & loyale garde, & tenir Registre fidèle d'icelles ; auquel seront
inscrits les noms & surnoms des Maîtres
ou Voituriers qui les auront conduites &
amenées ; la qualité d'icelles , & quantité
des Balles ou Tonneaux ; le jour qu'elles
seront arrivées , & subsécutivement déli-
vrées à ceux ausquels elles appartiendront,
avec leurs marques ; ou à autres qui auront
charge de les recevoir : en lui payant néanmoins , tant pour le louage du Magazin,
que

que pour ſes peines dudit enregiſtrement, trois gros de notre monnoye pour chacun fardeau ou Balle peſant trois cent livres, & au deſſous ; & ſix gros pour chacun peſant au deſſus.

VI.

Que les Marchandiſes qui reſteront ſans être vendues eſdites Foires, demeureront, s'il ſemble bon aux Marchands, dedans ledit Magazin juſqu'à la Foire ſuivante, ou autrement qu'il leur viendra mieux à commodité ; ſans pour ce payer louage que pour une fois ſeulement.

VII.

Y aura audit Magaſin public un poids, auquel ſe devront peſer toutes les Marchandiſes qui viendront de dehors, & qui ſe chargeront pour être envoyées ailleurs ; pour le droit duquel poids ſera payé pour chacun cent peſant, quatre deniers ; pour le demi & le quart à l'équipolent.

VIII.

Qu'il y aura un Meſureur de Toiles, Draps de laine , & toutes autres choſes qui ſe vendront à l'aulnage, qui ſera tenu

B

aulner les Marchandises qui se vendront;
si ce n'est que les Marchands acheteurs se
contentent de l'aulnage qui se trouvera
marqué sur les piéces, & que de gré à gré
ils s'en accordent avec leurs vendeurs; &
pour les peines dudit Mesureur, il aura
quatre gros de chacun cent d'aulnes de
drap de Soye, trois gros pour cent aulnes
de laine, & deux gros pour cent aulnes de
toile, soit ledit aulnage de nos Pays ou
d'ailleurs, selon que les vendeurs ou acheteurs s'en pourront accorder.

I X.

Et comme en toutes choses la Justice est
un ferme lien des Commerces & de la so-
ciété d'entre les hommes, ainsi sera-t-il
d'an en an par Nous établi un Conseil audit Bourg, composé de quatre bons & notables Marchands d'icelui, l'un desquels
présidera, & en son absence le plus ancien;
& tous seront tenus pendant le tems desdites Foires, tenir par chacun jour l'Au-
diance deux fois, & si besoin est, pour
l'importance de fait & de la matiere, appeller quant & eux quelques autres desdits

Bourgeois plus apparens, pour Conſeillers.

X.

Que pardevant leſdits du Conſeil ſe
plaideront toutes matieres qui ſe trouveront provenir du fait deſdites Marchandiſes, charges ou dettes de Marchand à Marchand, & pourront en juger diffinitive- *diffini-*
ment, & ſans appel, ſi ce dont ſerá diffi- *ment*
culté, n'excéde la ſomme ou la valuë de
deux cens écuts d'Or-ſol : mais ſi la choſe
eſt de prix, ſomme ou valuë excédante
leſdits deux cents écus, il y aura appel, qui
reſſortira & ſe relevera en notre Conſeil,
où il ſera reçu & admis ; à cette charge
toutefois, que l'Appellant ſera tenu de nan-
tir & garnir la main de Juſtice du prix de
la choſe, ou de la ſomme en laquelle il ſera
condamné, en donnant par l'Intimé bonne
& ſuffiſante caution de rendre la ſomme
ou le principal conſigné, s'il eſt trouvé que
faire ſe doive.

X I.

Que toutes Sentences, Condamnations
& Jugemens donnés par leſdits Conſuls
ainſi établis, ſeront exécutoriales par nos

B 2

Officiers & Sergens, en toutes les Terres, et Contrées de notre obéïssance, sans difficulté ou contredit.

XII.

Que toutes cédules & dettes faites en temps desdites Foires pour fait de Marchandises, change, ou argent en dépot, étant reconnues des debteurs pardevant lesdits Consuls, porteront exécution parée le terme échu, & pourront être exécutées par corps contre lesdits debteurs, en tous lieux & endroits de nos Pays, Terres & Seigneuries de notre obéïssance, esquels les créanciers rencontreront & trouveront leurs debteurs, sans qu'esdits lieux il soit besoin ausdits Créanciers d'autre reconnoissance de la condamnation, que celle qu'aura été faite en Jugement pardevant lesdits Consuls; & seront toutes Sentences, Jugemens, & condamnations provenantes desdits Consuls, exécutées par nos Officiers & Sergens, en toutes lesdites Terres & contrées de notre obéïssance, sauf pendant le tems de la franchise ci-devant declarée.

XIII.

Mais pour éviter la malice d'aucuns, qui pourroient emprunter une Foire sur l'autre ; & au temps des payemens de la Marchandise empruntée ou achetée à crédit, demeurer la plûpart de la Foire ; puis pour tromper leur créancier, en partir durant encore le temps de la franchise ; Avons ordonné & ordonnons, que les défraudateurs, trompeurs & abuseurs, qui seront trouvés avoir par deux fois consécutives absenté lesdites Foires, ou autrement malicieusement fraudé leurs créanciers ; comme indignes de ladite franchise, pourront être emprisonnés au tems desdites Foires, & durant icelles, nonobstant lesdits Priviléges que Nous entendons octroyer aux bons & loyaux Marchands, non à tels trompeurs & affronteurs.

XIV.

S'il avient que quelqu'un ayant quelque prétention contre un autre, soit pour dette pure & simple, négociation de Marchandises, au autrement, & pour tirer raison de celui contre qui il aura cette prétention,

l'ayant fait mettre en arrêt par le Sergent
defdits Confuls ; ledit arrêté ce nonobftant
s'abfente, & fauffe ledit arrêt, fans au préa-
lable s'être accordé avec fon créancier ; s'il
en eft plainte aufdits Confuls, pourront
décerner adjournement contre ledit ab-
fent, de fe repréfenter à la prochaine Foire
fuivante ; fi doncques dedans ce temps il
ne s'accorde avec fondit créancier, & s'il
défaut de fe repréfenter , pourra ledit
créancier faire faifir tant la perfonne dudit
débteur que fa marchandife, la part qu'en
nofdites Terres & Pays le pourra rencon-
trer , faifant paroître à nos Officiers des
lieux, Commiffion ou Actes defdits Confuls ; & fera ledit débteur détenu en fa perfonne, jufqu'à pleine & entiere fatisfaction,
n'eft doncques de quelque infortune con-
fiderables, ou autre caufe légitime, lui foit
avenu tel defaftre, qu'il n'ait pû contenter
fon Créancier, ce que devra être rapporté,
& deduit par devant lefdits Confuls ; foit
hors defdites Foires, ou pendant icelles,
fauf à appeller de leur Jugement, comme
dit a été ci-deffus.

X V.

Et avenant que lesdites Causes ne soient trouvées pertinentes, légitimes, ou considerables, sera ledit debteur condamné aux dépens & intérêts dudit Créancier, & à une amende telle que sera par lesdits Consuls taxée & liquidée, applicable à l'Hôpital de notredit Bourg de Saint Nicolas.

X V I.

Que si ledit debteur fuyart n'est de nos Sujets, sera récrit par lesdits Consuls aux Seigneurs des lieux de sa résidence, & leur requis de le faire représenter, ou faire à son Créancier administrer bonne & briéve Justice.

X V I I.

Sera loisible à un chacun / pendant lesdites Foires, non autrement, négocier en matiere de change, par toute Place & Change de France, Allemagne, Espagne, Italie, Portugal, Flandre, & ailleurs, sans qu'ils puissent être recherchés desd. changes, pourvû que cela se fasse de gré à gré; & si pourront entre eux compter en la maniére usitée à Lion, Anvers, Espagne,

& en plufieurs Ville d'Italie, accordés auffi le prix à part pour chacun, où y aura commerce & trafic des Changes.

XVIII.

Pourront de plus donner & prendre argent en dépôt pour une Foire tant feulement, aux prix qu'ils accorderont communément enfemble, fuivant la coutume des lieux.

XIX.

Et pour obvier à beaucoup d'abus, qu'à trait de temps s'y pourroient commettre, ORDONNONS qu'il y aura deux Coratiers Jurez, qui feront Regiftre des Marchandifes, defquelles ils moyenneront le vendage, & des changes que l'on fera par leurs mains, & auront pour leurs droits & vacations, un pour mil, tant du vendeur que de l'acheteur; fans que, la parole donnée, il puiffe être loifible réfilier du marché fait par lefdits Coratiers, fi ce n'eft de gré à gré des Parties.

XX.

Permettons dès maintenant comme

pour lors, à tous Marchands fréquentans lesdites Foires, de pouvoir pendant icelles faire entrer en notredit Bourg, Terres & Pays de notredite obéïssance, où ils auront à négotier ou trafiquer, & en sortir, toutes sommes de deniers qui leur viendra mieux à commodité, pourveu que ce soit de monnoye non défenduë, sans qu'ils puissent en être chargez, ni pour ce en payer aucune dette.

XXI.

Les Marchands étrangers fréquentans lesdites Foires, avenant leur décès en nosdits Pays, ne seront sujets à aucun droit d'Aubaine, & pourront librement disposer de leurs biens; & si après leur décès ne se présentoit aucun héritier reconnu, les biens qu'il aura délaissez seront gardez & conservez sous la main de Justice, pour être rendus à l'Héritier, si aucun s'en trouve & présente dedans l'an, & sans qu'en ce cas nós Procureurs d'Office de nos Vassaux, puissent dedans ledit tems prendre ni avoir aucune chose (pour cette opération)

XXII.

Et afin que lefdits Marchands , tant pour leurs perfonnes que Marchandifes, puiffent avec plus de feureté venir & retourner, paffer & repaffer ; Nous donnerons ordre de faire tenir les chemins libres & affurez , ès Terres de notre obéïffance.

XXIII.

Que s'il avient qu'aucun , durant lefdites Foires , précédemment , ou depuis, veuille avoir à part quelque conduite ou efcorte particuliere , foit de gens à pied ou à cheval , à l'entrée ou fortie de nofdits Pays , elle lui fera donnée en affurance , en payant néanmoins ce que fera raifonnable, pour ceux qui feront employez à ladite conduite.

Si DONNONS en mandement à tous nos Marêchaux , Senêchaux , Baillifs , Capitaines , Préfidens , Gens de nos Comptes, Procureurs Généraux , Prévôts , Mayeurs, Jufticiers , Officiers , leurs Lieutenans, Hommes & Sujets , & tous autres qu'il appartiendra , préfens & à venir, que cette notre Ordonnance & Édit ils faſſent obſerver & entretenir de point en point, ſelon leur forme & teneur, en faſſent & laiſſent jouïr & uſer pleinement & paiſiblement tous & chacuns les Marchands, tant de notredit Bourg de Saint Nicolas, qu'autres, de quelle part & Nation ils ſoient; enſemble leurs Commis, Facteurs, Entremetteurs & Voituriers, ſans leur faire ni permettre être fait, mis ou donné aucun ennui, trouble, détourbier, ou empêchement au contraire. Et afin qu'aucun n'en prétende ignorance, avons ordonné & ordonnons à tous noſdits Baillifs, Capitaines, Prévôts & leurs Lieutenans, de faire publier nos Preſentes par tous les lieux & endroits de leurs Bailliages, Châtellenies & Prévôtés, où l'on a accoutumé faire telles publications, & les faire enregiſtrer ès Regiſtres ordinaires de leurs Juriſdictions, pour y avoir recours quand beſoin ſera: CAR ainſi Nous plaît: En témoin de quoi Nous avons à ceſdites Preſentes ſignées de notre main, fait mettre & apprendre notre grand Scel, en notre Ville de Nancy , le vingt-quatriéme jour de Mars mil cinq cent quatre vingt dix-sept. Par Son Altesse. *Et plus bas*, les Sieurs Comte de Salm , Maréchal de Lorraine, Gouverneur de Nancy ; de Bourbonne, Grand Chambellan, Chef des Finances ; de Villez , Bailly de Nancy ; de Mondre-ville ⸗ de Neufflotte, Bailly d'Apremont, Mainbourg, Maistre aux Requêtes Ordinaire ; le Clerc, Sieur de Vivier en France, Bardin, aussi Maistre aux Requêtes , & Boucher , présens.

Copie collationnée à un imprimé, apparu & recru , & à icelui rendu conforme, par le Tabellion Royal General au Duché de Lorraine , & lieux réünis, soussigné , D. MORIN.

ORDONNANCE
DE SON ALTESSE

Du 3. Janvier 1604.

CHARLES par la grâce de Dieu, Duc de Calabre, Lorraine, Bar, Gueldres, Marchis, Marquis du Pont-à-Mousson, Comte de Provence, Vaudémont, Blamont, Zutphen, &c. A tous ceux qui ces présentes Lettres veront, SALUT. Nous ayant été remontré de la part de plusieurs Marchands Allemans, & autres des Pays voisins, trafiquans & fréquentans les Foires par Nous établies depuis quelques tems en notre Bourg de Saint Nicolas du Port, que les commencements desdites Foires se sont augmentées autant qu'il leur a été possible d'y faire tenir toutes sortes de Marchandises, pour fournir tant nos Sujets que ceux de nos Voisins qui en auroient quel-

que néceſſité, vendans & diſtribuans le
plus ſouvent la plus grande partie de leurs
Marchandiſes à crédit à pluſieurs de nos
Sujets, ſur la confidence qu'ils ont que
leurs debteurs ne ſe feront contraindre
au payement des ſommes par eux dûës,
ſuivant les ſubmiſſions par eux faites pardevant les Juges Conſuls par Nous établis
audit lieu: deſquels étans contraints d'ob-
tenir Jugement de condamnation, Commiſſion pour procéder par exécution contre leſdits debteurs à faute de payemens, il
avient ordinairement que la plupart des
Officiers de notre Pays retiennent leſdites
Sentences & Commiſſion, empêchant
l'exécution d'icelles, ſi donc ils ne pren-
nent d'eux permiſſion de ce faire, ce qui
apporte une grande perte & retardement,
non ſeulement auſdits Marchands, mais
auſſi des frais exceſſifs auſdits debteurs;
Nous ſuppliant pour ces cauſes, & en faveur du Commerce, d'y vouloir appor-
ter le reméde convenable, & faute duquel
ils ſeroient contraints de quitter la hantiſe
& fréquentation deſdites Foires. SÇAVOIR

FAISONS, qu'ayant mis cette matiére en la délibération des Gens de notre Conseil, & étant juste & raisonnable d'y établir un ordre certain en faveur du Commerce, & des Supplians ; avons dit, statué, ordonné, disons, statuons, & ordonnons, que tant pour le passé que pour l'avenir, tous nos Sujets Marchands, & trafiquans esdites Foires franches, & résidants en nos Pays, Terres & Seigneuries, achettans & se submettans pour les payemens à la Jurisdiction desdits Juges Consuls établis au Bourg de Saint Nicolas, & les termes à eux préfigez étant expirez pour le payement & solution de leurs dettes; seront contraints à y satisfaire, par les Sergens desdits Juges Consuls, en vertu des Jugemens & Commission émanez d'eux, sans que pour ce faire lesdits Sergens soient tenus de prendre des Juges Officiers des lieux, résidences desdits debteurs, aucun Placet *Visa* ny *Pareatis* ; ce que Nous défendons très-expressément à nos Juges & Officiers qu'il appartiendra, ny d'empêcher lesdits Sergens en l'exécu-

tion des Sentences & Commiſſions deſdits
Juges Conſuls, à peine de répondre à leurs
purs & privez noms, des dommages &
intérêts envers les Parties; & au cas que
bonnes oppoſitions ſe formeroient par leſdits debteurs contre leſdites exécutions,
Nous voulons & entendous que la con-
noiſſance en ſoit attribuée, comme de
fait l'attribuons, auſdits Juges Conſuls;
auſquels mandons & ordonnons d'en con-
noître & juger le plus ſommairement que
faire ſe pourra, & comme ils verront la
matiére diſpoſée; de quoi faire leur avons
en tant que beſoin ſeroit, donné tout pou-
voirs, commiſſions & mandement ſpé-
cial. Voulons en ce faiſant, à eux être obéï,
& diligemment entendu par-tout qu'il appartiendra; comme auſſi à leurſdits Sergens exécuteurs, ſans leur donner aucuns
troubles ni empêchement en leurs exploits,
ains toutes aides, faveur & ſuffiſance. Sɪ
DONNONS en mandement à tous nos
Baillifs, Sénéchaux, Prévôts, Procureurs-
Généraux, & Juges, Mayeurs, leursLieu-
tenans, Subſtituts, qu'il appartiendra,
que

que cette notre Ordonnance duëment publiée par tous les lieux & endroits accou-
tumez à faire cris publics, ils la fassent ob-
server diligemment, & de point en point,
selon sa forme & teneur. Voulons qu'aux
Vidimus d'icelle, duëment collationnez,
foi soit ajoûtée comme à l'Original. CAR
telle est notre intention & volonté. En
témoignage de laquelle Nous avons signé
ces Présentes de notre main, & à icelles
fait mettre & apposer en placard notre Scel
secret. DONNÉ en notre Ville de Nancy,
le troisiéme du mois de Janvier mil six
cens quatre. *Ainsi signé* CHARLES.
Et plus bas, par son Altesse, les Sieurs de
Gournay, Chef du Conseil, Bailly de
Nancy; de Mailhanne, Maréchal de Barrois; de Haraucourt de Craigne, Gouverneur de Nancy; du Châtelet, de Ville-
Paroy; Mainbourg, Maître des Régistres
Ordinaire; Remy, Procureur-Général de
Lorraine; Bardin, aussi Maître des Régistres Ordinaire; de Marinville, Loucher,
Philbert, & du Jac, aussi Maîtres des Ré-
gistres, présents. Et pour Secrétaire,
Signé, DE LA RUELLE.

C

Pour Copie extraite & collationnée à son Original, par le Tabellion au Duché de Lorraine souffigné , & ce conformément. Signé, P. Austien. Avec Paraphe.

LES ORDONNANCES

Générales de Son Alteffe, fur l'établiffement & conditions des Foires franches de fon Bourg de Saint Nicolas de Port de Lorraine , le 23 Juillet 1612.

HENRY, par la grâce de Dieu, Duc de Lorraine, Marchis, Marquis de Pont-à-Mouffon, Comte de Provence, Vaudémont, Blamont, Zutphen, &c. A tous ceux qui ces Préfentes verront, SALUT: Nous ayant été remontré par nos amés & féaux les Juges Confuls de Saint Nicolas de Port, & de plufieurs Marchands des Pays voifins , trafiquans & fréquentans les Foires établies en notre Bourg dudit Saint Nicolas de Port, que par Ordonnance de feu notre honoré Seigneur & Pere, que Dieu abfolve, du 24. Mars 1597. fur l'établiffement defdites Foires , & par la Déclaration &

interpretation de feuë Sadite Alteffe du 26. de Juin 1601. au 5. & 10.ᵉ article de fadite Ordonnance, il eft dit que toutes cedules faites en tems defdites Foires, ou hors icelles, pour fait de Marchandifes, change, ou argent en dépoft, étant re-connues des debteurs pardevant lefdits Confuls, porteront exécution parée, le terme échû, & feront icelles, comme auffi toutes Sentences, Jugemens, & Condam-nations provenans d'iceux, exécutées par nos Officiers & Sergents, en tous les lieux & endroits de nos Pays, Terres, & Sei-gneuries de notre obéiffance, fans qu'il foit befoin aux Créanciers d'autre recon-noiffance de la condamnation, que celle qui aura été paffée en Jugement parde-vant lefdits Confuls ; & que neanmoins depuis quelque tems, en plufieurs en-droits de nos Pays, les Officiers d'iceux différent de recevoir les foumiffions & condamnations paffées pardevant lefdits Confuls, & les admettre à colloquer aux exécutions d'immeubles, de même que les obligations authentiques des Sceaux de nos Cours ; qui apporte une grande

perte & retardement aux Marchands, qui
fe contentent faire paffer cedules & foumiffions à leurs debteurs, fans en recher-
cher autre plus grande affurance : De ce
eft-il qu'ils nous fupplient, que pour cette
caufe, & en faveur du Commerce, Nous
voulions ordonner que toutes foumiffions
& condamnations qui au+ront été paffées
pardevant lefdits Confuls, foient receues
& colloquées aux prix des encheres d'immeubles, fuivant leur datte de priorité,
ou poftériorité, ainfi que lefdites obligations: Sçavoir faifons qu'ayant eu égard à
la jufte & raifonnable Requefte defdits
Supplians, & en faveur du Commerce,
avons dit, ftatué & ordonné, difons,
ftatuons & ordonnons, que toute cedules
fates & paffées pour fait de Marchandifes,
changes, ou argent en dépôt, en temps
des Foires & hors d'icelles, reconnues
des debteurs pardevant lefdits Confuls,
de même que toutes foumiffions ou condamnations paffées pardevant eux, tant
pour le paffé que pour l'avenir; porteront
hypotéques ; & en cas de concurrence
aux fins de collocation avec obligations.

paſsées en forme authentique des Sceaux
de nos Cours , qu'elles ſeront colloquées
ſelon la datſe deſ ſ.dites reconnoiſſance,
ſoumiſſions & condamnations. SIDON-
NONS en mandement à tous nos Baillifs,
Sénéchaux , Prévôts , Procureurs Généraux , Juges , Mayeurs, leurs Lieutenans
& Subſtituts qu'il appartiendra , que cette
notre Ordonnance duement publiée par
tous les lieux & endroits accoutumés à
faire cris publics , ils la faſſent obſerver
diligemment // & de point en point , ſelon
ſa forme & teneur. Voulons qu'aux *Vidi-*
mus d'icelles dûement collationnés , foi
ſoit ajoutée comme à l'Original : CAR
ainſi Nous plaît. En témoin de quoi Nous
avons à cette, ſignée de notre main , fait
mettre & appoſer en placart le Scel ſecret
de nos Armes. DONNÉ en notre Ville de
Nancy, le vingt-troiſiéme Juillet, mil ſix
cens douze. *Ainſi ſigné* , HENRY.
Et plus bas : Par ſon Alteſſe , les Sieurs
de Mailhanne, Maréchal de Lorraine ; de
Lénoncourt , Baillif de Saint-Mihiel ; de
Beauvau , Baillif de Baſſigny ; Bardin &
Malvoiſin Maître des Régiſtres , preſens.
Et pour Secretaire, C. DE GIRMONT.

Pour Copie extraite, & duëment colla-
tionnée à son Original, par le Tabellion
au Duché de Lorraine souffigné, & ce
conformement. Signé, P. AUSTIEN,
avec paraphe.

S'enfuit la teneur d'un noble Décret de
Son Alteffe, appofé au pied d'une Re-
quefte préfentée à fes grâces par les
Juges Confuls établis à Saint Nicolas
du Port, joints à eux plufieurs Mar-
chands étrangers, trafiquans & fré-
quentans aux Foires-franches dudit
Saint Nicolas. 31·Xbr·1615·

VEU en notre Confeil la Requête
ci-deffus & d'autre part écrite, Nous
de notre authorité Souveraine, Avons
dit & ordonné, difons, ordonnons &
Nous plaît, que nos chers & nos bien-
aimez Juges Confuls de Saint Nicolas,
pourront exercer leur Jurifdiction par
tout notre Marquifat de Nomeny, jufqu'à
la fomme de quinze cent francs, & au
deffous ; ce faire leur donnons pouvoir,
puiffance, autorité & mandement fpécial.

Voulons, entendons, & Nous plaît leur être en ce faisant obéi, & diligemment entendu par tous qu'il appartiendra. CAR ainsi Nous plaît. Expédié à Nancy, ce dernier jour du mois de Decembre mil six cens quinze. Les Sieurs Comtes de Tornielle, Grand Maître de l'Hôtel, & Surintendant des Finances; Bardin Maître des Requêtes Ordinaire; de Marinville, President; de Barrois-Pailligny, aussi Maître des Requêtes Ordinaire; Voillot & de Geamont Secretaire d'État, présens. *Ainsi signé*, HENRY. *Et plus bas*, Pour Secretaire, F. GERARD; avec paraphe.

Autre Décret de Sadite Altesse, apposé au pied d'une Requête présentée à ses graces par lesdits Jüges Consuls.

2 juillet 1616

VEU en son Conseil la présente Requête ensemble l'Ordonnance portant les Reglemens de la Jurisdiction accordée aux Supplians, & particulierement en l'article X. reglant les appellables de leurs Jugemens; Nous avons déclaré & déclarons // que Nous voulons & entendons qu'il ne puisse être formé plainte desdits Jugements, non plus qu'Appel, en cas, lesquels n'excéderont deux cents Ecus d'Or, demeurant les plaintes & autres cas qu'elles pourront échoir ; pour les nantissement & saisie des mains de Justice, reglé de même que les appellation ; Car ainsi Nous plaît. Expedie à Nancy le deuxiéme jour du mois de Juillet mil six cens seize. Les Sieurs du Châtellet, Maréchal de Barrois ; de Stainville, Doyen de la Primatialle ; de Mailhanne, Gouverneur de Marsal ; de Lisseras, Sénéchal de Lorraine ; de Messry, Capitaine de Longwy ; de Malvoisin & Pailligny, Maîtres des Requêtes ordinaire ; Pistor le Pays ; Remy, Procureur General de Lorraine ; Reboucel, Benoît Royer, aussi Maîtres desdits Requêtes ; Philbert, & autres, présens. *Signé,* HENRY. *Et plus bas,* Pour Secrétaire, La Forge, avec paraphe.

Pour Copie extraite, & dûement collationnée à son Original, par le Tabellion au Duché de Lorraine soussigné, & ce conformément. Signé, P. Austien, *avec* Paraphe.

www.ingramcontent.com/pod-product-compliance
Lightning Source LLC
Chambersburg PA
CBHW060750280326
41934CB00010B/2433